AF349531

POÉSIES

D'UN OUVRIER FORGERON.

POÉSIES

D'UN OUVRIER FORGERON

J.-B. REIGNIER.

PIÈCES DIVERSES ET FRAGMENTS

CHOISIS ET PUBLIÉS PAR M. L'Abbé H. M***.

LILLE,

IMPRIMERIE L. DANEL.

—

1878

NOTE DE L'ÉDITEUR.

J.-B. REIGNIER a composé ses vers *en travaillant à son rude métier,* comme Reboul composait les siens en faisant son pain. A treize ans, il dut quitter l'école de son village pour se mettre au travail ; mais il avait l'amour de l'étude et surtout la passion de la poésie, et ses loisirs étaient consacrés à la lecture ou à des essais de composition. Malheureusement de mauvaises compagnies et des lectures pernicieuses égarèrent son esprit : il perdit la foi de son enfance, tout en conservant la probité et l'honnêteté des mœurs. Il sentait cependant le vide que laissait dans son cœur la perte de ses croyances ; il entrevoyait l'abîme que les doctrines socialistes et impies creusent sous nos pas. Il se mit donc à chercher la vérité ; il la chercha sincèrement, et enfin il la connut, ou plutôt il la reconnut : elle était une ancienne amie ! Son retour à la religion lui donna un bonheur dont il ne sait assez remercier Dieu et qu'il voudrait faire partager à tous. Ces détails nous ont paru nécessaires pour faire bien comprendre et apprécier les poésies de Reignier. Bon époux, tendre père, notre poète-ouvrier travaille sans relâche pour nourrir ses quatre jeunes enfants ; mais il cherche surtout à en faire de bons chrétiens, convaincu que c'est le seul moyen d'assurer leur bonheur.

POÉSIES

D'UN OUVRIER FORGERON.

INVOCATION.

Des parvis éternels, suave Poésie,
Viens, sur l'aile du soir, charmer ma rêverie
Et consoler mon cœur des douleurs qu'il ressent.
Des anges le destin est bien assez prospère ;
Douce fille du ciel, Dieu te fit pour la terre,
    Car l'homme aussi du ciel descend.

Laisse tes ailes d'or, ta couronne étoilée
Et ta robe d'azur... je t'aime mieux voilée ;
N'étale pas pour moi tes plus riches trésors :
A de si grands honneurs que le génie aspire,
Moi, j'ignore comment il faut toucher la lyre
    Pour qu'elle ait de divins accords.

Laisse aussi ce brillant que la foule idolâtre,
Pareil à ces décors créés pour le théâtre,
Qui n'ont plus de valeur dès qu'ils sont vus de près.
Ah ! le deuil sied bien mieux à ta taille de reine,
Et ta voix vers le ciel plus forte nous entraîne
    Quand tu chantes sous les cyprès.

Aussi bien , tout est vain : plaisir, gloire et puissance ;
Nos vertus pèseront seules dans la balance ,
Et c'est d'après leur poids que nous serons jugés.
Aussi bien , à la mort l'égalité commence :
Celui qui doit des rois prononcer la sentence ,
Dans le même appareil jugera les bergers.

O toi qui connais tout , tu sais combien de lie ,
Hélas ! cachait pour moi la coupe de la vie ,
Et ce que le malheur me réservait d'amer !
Et seul , tu sais aussi comment l'âme attristée
T'accuse quelquefois de l'avoir rejetée
Et de lui faire ici commencer son enfer.

Alors , comme un serpent qui nous ronge et nous tue ,
Le doute infâme en nous lentement s'insinue ;
Par degrés la foi meurt, et l'on reste tout seul.
Tout ce qu'on avait cru ne paraît plus qu'un songe ,
Et l'on est enfermé dans l'horreur du mensonge
Comme le trépassé dans les plis du linceul.

Ah ! quel vide effrayant se fait dans l'existence,
Quand on a repoussé toute sainte croyance !
Quand on a dit à Dieu : « Sans toi je marcherai, »
A la nuit : « Couvre-moi de profondes ténèbres , »
Au néant : « Pour toi sont mes dépouilles funèbres :
Je sortis de ton sein , un jour j'y rentrerai. »

O Seigneur ! en ce temps d'effroyable délire,
Où contre ton saint nom ouvertement conspire
       La funeste incrédulité,
Toujours, de tes bienfaits conservant la mémoire,
Je crîrai : Fais, mon Dieu, que la nuit soit moins noire
       Dans le cœur de l'humanité.

Pour moi, je n'aime rien que ce qui peut te plaire ;
Fais que sans murmurer je te suive au Calvaire,
       Où c'était à nous de monter ;
A plus pauvre que moi, qu'avec amour je donne,
Et qu'à mes ennemis tous les jours je pardonne
       Comme tu voulus pardonner.

Seigneur, pour nous punir, l'idolâtrie immonde
Va-t-elle, sous nos yeux, reconquérir le monde ?
       La force enchaîner l'équité ?...
Non, l'erreur, tu l'as dit, repose sur le sable ;
Il n'est rien ici-bas qui ne soit périssable,
       Hors l'Église et la vérité.

Cède, oh ! cède à mes vœux, céleste Poésie,
Viens m'inspirer !... Par toi que mon âme ravie
       Rende gloire au Dieu que je sers !
Que mes vers au pécheur fassent trouver des larmes ;
De la foi, de l'amour qu'il connaisse les charmes
       Et voie enfin briser ses fers !

———

L'ENNUI. [1]

Il est un mal affreux que l'on porte en soi-même,
Qui prête un air de deuil à tout ce que l'on aime,
Qui flétrit les objets où le regard s'étend,
Qui donne un son lugubre à tout ce qu'on entend,
Et qui profondément burine sur la face
Combien le cœur est triste, et combien l'âme est lasse.
Enfant de nos péchés, parfois de nos revers,
Farouche Ennui, c'est toi qui m'inspires ces vers ....
Parce que tu me tiens entouré de ténèbres,
Parce que de mes chants tu fais des chants funèbres,
Que tu m'as ravi tout : bonheur, gaîté, plaisir,
Et même l'espérance, et même le désir !
Oui, c'est toi, toujours toi, que partout je retrouve,
O terrible fléau que tout un siècle couve,
Et que, malgré ses soins, il dissimule mal
Sous le trompeur éclat de son luxe infernal.

Dans le sombre atelier où mes jours se consument,
Où par ce mot : *Enfer!* mes tourments se résument,
Nul ne peut deviner, sous mon rire menteur,
Ce que le temps rapide a pour moi de longueur,
Et ce que je dois voir, durant les heures lentes,
Passer et repasser d'images désolantes,

(1) Cette pièce présente un tableau aussi vrai qu'animé de la
position de l'auteur et de ses sentiments ; c'est son histoire intime.

Dont la veille déjà, le cortége ennuyeux,
Par sa monotonie a fatigué mes yeux,
Qui reviendra demain me reprendre à l'aurore,
Et puis le jour suivant... et puis... et puis encore !...

Comment suis-je tombé vivant dans cet enfer,
Où l'énorme pilon, qui broie et tord le fer,
Où les pesants marteaux et les limes mordantes
Jettent dans l'air troublé leurs notes discordantes,
Pendant que la vapeur, de son souffle brutal,
Ebranlant les parois de son corps de métal,
Sur leurs axes polis, que le calcul dirige,
Fait tourner cent métiers, à donner le vertige !...
Sur leurs gradins luisants fait siffler et courir,
Et descendre, et monter, de longs serpents de cuir ;
Se heurter à grand bruit les dents des engrenages,
Pivoter en tous sens d'innombrables rouages,
Grincer le dur acier, sous l'outil qui le mord,
Comme un rival qui lutte et cède avec effort,
Et gronder dans leur coin le tour et la cisaille,
Deux géants noirs, scellés dans la pierre de taille.
Mes tristes compagnons, ayant pour la plupart
Une orgie à l'esprit, sur la lèvre un brocard,
Entonnent des chansons, mille fois répétées,
Filles des mauvais lieux, par le peuple adoptées ;
Ou sifflent de vieux airs en battant le pavé
D'un énorme sabot, lourdement soulevé ;
Ou se tordant le corps, se contractant la face,
Provoquent un gros rire en faisant la grimace !...

Alors, si dans son vol mon esprit se rabat,
Je crois, à leur aspect, me trouver au sabbat.

C'est là que tous les jours, de l'aube au crépuscule,
Me pousse le devoir, quand tout me dit : Recule !...
Quoi ! sentir en sa veine un sang impétueux,
Entendre en son cerveau les flots tumultueux
D'un océan fécond de verve et d'harmonie,
Savoir qu'on fut touché de l'aile du génie,
Et se sentir courbé, comme un vil animal,
Sous le joug flétrissant d'un labeur machinal !
Être contraint de dire à son intelligence :
« Tu n'es qu'un vil présent fait à mon indigence ! »
Le clinquant peut parer l'habit d'un grand seigneur :
On n'en osera point contester la valeur ;
Mais qu'une croix d'or pur décore une guenille,
Les yeux sont prévenus : « C'est du clinquant qui brille ! »

O sort ! — car tu n'es pas, tu n'as jamais été
Un aveugle hasard, comme on nous l'a conté.
— O sort ! dans quel esprit rends-tu chaque sentence ?
Pourquoi nous trompes-tu toute notre existence ?
Tu n'as donc mis en nous de malheureux penchants,
Que pour lancer contre eux des interdits méchants,
Et pour que de ses pleurs chacun de nous arrose
Le chemin épineux que ta loi nous impose ?...
Ah ! ce fut en riant de ton rire moqueur,
Que tu livras mon âme au souffle inspirateur :
Tu savais que ce corps, longtemps souffrant, débile,
Allait être brûlé d'une ardeur inutile ;

Qu'à peine éclos, mes chants, sous le mépris amer,
Mourraient comme un soupir étouffé dans la mer,
Et que l'ennui mortel auquel je suis en butte,
Viendrait me consumer, après ces jours de lutte,
Où le cruel déboire et le sanglant affront
Ont déchiré mon cœur et dénudé mon front.
Tu savais tout cela !... Pour cet affreux martyre
Je ne puis me venger, mais je veux te maudire,
Auteur de tous mes maux, trop implacable sort,
Et contre toi chercher un abri dans la mort.

———

Pardon, grand Dieu, pardon pour ce nouveau blasphème !
Ce sort que je maudis, c'est ton arrêt suprême ;
Ta bonté, ta justice ensemble l'ont dicté :
Dure épreuve ici-bas, là-haut félicité !
Seigneur, quand loin de toi l'âme errante s'égare,
Le désespoir la suit, et bientôt s'en empare ;
Ainsi le frêle oiseau tombe, au déclin du jour,
Loin du nid protecteur, aux serres du vautour.
Sur moi daigne abaisser un regard de clémence,
Tu le vois, ma faiblesse a besoin d'assistance ;
Soldat venu d'hier, je compte m'aguerrir,
Et vaincre les dangers qu'il me faudra courir.
Daigne te souvenir, à l'heure où ta justice
Arrêtera mes jours, brisera mon calice,
Que j'ai baisé souvent et foulé des genoux
La roche du Calvaire, où tu mourus pour nous ;

Daigne aussi me compter ces longues insomnies ;
Que je passais pleurant sur mes ignominies.
Si tu bénis les pleurs de l'homme , ton enfant ,
Tu m'as beaucoup remis , car j'ai pleuré souvent.
Tu m'as beaucoup aimé , Seigneur !... Je me rappelle
Qu'au milieu des écarts de mon passé rebelle ,
Au sein de la nuit sombre où j'étais sans secours ,
L'orgue et les hymnes saints m'attendrissaient toujours ;
Que je ne passais point près de l'humble chapelle
Sans mettre avec plaisir chapeau bas devant elle ,
Et que tout près du Christ qu'on voit parfois au bord
Du chemin isolé , mon cœur battait plus fort.
Je me rappelle aussi que , dans le cercle impie ,
Où chacun te jetait la pierre et l'ironie ,
Des quolibets honteux qui t'allaient outrager
J'éprouvais le besoin pressant de te venger.
Il me semblait entendre une voix bien connue ,
Triste , qui me disait : « Celui que l'on conspue ,
» Que dans ce lieu coupable , on traîne au pilori...
» Malheureux ! lève-toi ! c'est ton meilleur ami ! »
— J'obéissais , parfois en tremblant , je l'avoue ,
L'œil timide et baissé , la honte sur la joue ,
Comme un homme méchant conseillant mal autrui ;
Mais quelquefois aussi , j'en suis fier aujourd'hui !
Je t'ai fait respecter de tout mon auditoire ,
Forcé de m'applaudir et forcé de me croire.
C'est que tu m'inspirais ! tu préparais alors
Quelque adoucissement à mes futurs remords...

C'est toi qui me prêtais ta suave éloquence,
En faveur des beaux jours de ma pieuse enfance,
Quand je ne savais rien, rien que mon chapelet,
Et qu'avec tant d'amour mon âme t'appelait.

Au nom des grands martyrs qui, gardant leur foi pure,
Sont morts sans défaillance, ainsi que sans murmure,
Et de ceux qui, portant avec docilité
Le douloureux fardeau de leur adversité,
Répandent leur parfum dans l'ombre qui les cache,
Et peuvent tous les soirs t'offrir un cœur sans tache;
Au nom des dévoûments accomplis sans éclat
Sous la robe du prêtre ou l'habit du soldat,
Perles tombant la nuit dans un abîme sombre
Loin de tous les regards, mais dont tu sais le nombre;
Surtout au nom du Christ, ce grand Libérateur
D'un monde dont il est le seul consolateur,
O mon Dieu, dans le sein de ta bonté suprême,
Puise un dernier pardon pour mon dernier blasphème.

LE COQ DU CLOCHER.

Quand tout va se cacher,
    Qui tient tête
    A la tempête ?
C'est le coq du clocher.

Lorsque tout repose encore
Dans un sommeil bienfaisant,
Déjà des feux de l'aurore
Brille son disque luisant.
Du réveil de la nature
C'est le premier spectateur,
Et vers lui, de chaque fleur
Va l'effluve la plus pure.

Au paysan fin et sage,
Au vieux pêcheur, au berger,
Souvent le coq du village
Dit si le temps va changer.
Il dit aussi : « La prière
» Est votre seul bouclier;
» Toi qui peux ne pas prier,
» Songe aux larmes de Saint-Pierre. »

Quand l'oriflamme est de mise
Pour la fête du pays,
C'est le vieux coq de l'église,
Qui se drape dans ses plis.

A la commune allégresse
Il semble se joindre ainsi ;
On dirait qu'il chante aussi
Et qu'il a sa part d'ivresse.

Au moindre vent de l'espace
Toujours fidèle et soumis ,
Il voit tout ce qui se passe
Dans le ciel et dans les nids.
De l'horizon monotone ,
Tous les points il les connaît ;
Il vous dira d'où venait
Le nuage noir qui tonne.

A l'enfant qu'au loin appelle
Quelque caprice mutin ,
De la maison paternelle
Il indique le chemin.
Et lorsque de son absence
L'aïeul revient soucieux ,
Le vieux coq brille à ses yeux
Comme un rayon d'espérance.

Quand tout va se cacher,
   Qui tient tête
   A la tempête ?
C'est le coq du clocher.

SUR LA TOMBE DE MON ENFANT.

Sous ce tertre où tu dors dans une paix profonde,
Adolphe, mon enfant, n'es-tu pas à l'étroit?
Dans cet asile ouvert à qui s'en va du monde,
  Mon pauvre enfant, n'as-tu pas froid?

Dieu pouvait, il me semble, en sa toute puissance,
Te réserver ta place au bienheureux séjour,
Et garder du péché ta robe d'innocence,
  Sans te ravir à notre amour.

Tu n'as pas épuisé les baisers de ta mère;
Hélas! sur mes genoux tu vins trop peu t'asseoir,
Tu n'as fait que passer au foyer solitaire
  Où nous ne devons plus te voir.

Aux anges comme toi, qui te nomment leur frère,
Lorsqu'ils t'entoureront de mille soins jaloux,
Mon bel enfant, réponds : « J'ai laissé sur la terre
  » Deux cœurs qui m'aiment comme vous. »

A MA PERCEUSE. [1]

Pendant que le fer se creuse
Lentement et sous mes yeux,
Mon esprit à ma *perceuse*
Fait ainsi ses courts adieux :
— « Ici je n'ai point affaire
Et tu ne me souris guère,
Ro - on, ro - on, ro - on, ro - on,
Tourne, métier, tourne donc ! »

Il part... au seuil de la porte
L'arrête un chef ouvrier :
— Esprit, quelle ardeur te porte
A déserter l'atelier ?
— Maître, livrez-moi passage,
Là, mon corps est à l'ouvrage.
Ro - on, ro - on...

Je vais voir ce qui se passe
Aux prés, et dans le ciel bleu ;
Tandis que mon corps se lasse,
Je vais folâtrer un peu.

(1) Machine pour percer des trous dans le métal. L'auteur y avait été employé momentanément.

**

Je reviendrai pour la cloche ;
J'ai mon chronomètre en poche...
Ro-on, ro-on...

En vain ma voix le rappelle,
En riant il me répond :
« La liberté, c'est ma belle,
Je suis esprit vagabond ;
En horreur j'ai pris la chaîne,
Reste-là, je me promène.
Ro-on, ro-on...

— A ces mots, vite il détale...
Grand Dieu, qu'il est déjà loin !
Sous ma chaumière natale
Je l'aperçois dans un coin.
Avec grand'mère il jacasse...
— Bon !... mon outil qui se casse !
Ro-on, ro-on...

Le voilà qui caracole
Aux lieux où, petit enfant,
Quelquefois, fuyant l'école,
Je m'ébattais triomphant...
— A suivre ses tours d'adresse
De mon marteau je me blesse.
Ro-on, ro-on...

Aux amis il fait la chasse :
Combien il trouve d'ingrats !...
Combien ont vidé la place
Qu'ils occupaient ici-bas !...
Mais il évoque leurs ombres
Au fond des royaumes sombres.
Ro - on , ro - on...

Que de scènes variées
Devant lui vont repasser !
Que de choses oubliées
L'espiègle va relancer !
Jours de deuil, de gai délire,
Le font pleurer, chanter, rire.
Ro — on , ro - on...

Il monte dans un nuage,
Monte, monte et disparaît !...
Dans quel but un tel voyage ?
O mon Dieu , s'il s'égarait !...
S'il s'égare, le volage,
A Charenton j'emménage !
Ro - on , ro - on...

Un beau jour à vouloir suivre
Ce sylphe au milieu des airs,
Dans le fer ou dans le cuivre
Je percerai de travers...

Ici près , le patron passe ,
Taisons ce qui nous tracasse.

Ro - on , ro - on…

Mais la cloche , heureux message ,
Nous dit : « Partez , à demain ! »
— Je reviens de mon voyage
Ajoute l'esprit malin.
Puisqu'ainsi le temps va vite ,
Demain encor je te quitte.

Ro - on , ro - on…

Si du destin qui t'entraîne
Je suis le premier auteur ,
Par moi dans tes jours de peine
Puisses-tu croire au bonheur.
Oui , malgré marteaux et limes ,
Ensemble cherchons des rimes.

Ro - on , ro - on , ro - on , ro - on ,
Tourne , métier, tourne donc.

PIE IX ET LA RÉVOLUTION.

(FRAGMENTS)

« *Les portes de l'enfer se briseront contre Elle.* »

Avez-vous médité la sentence éternelle,
O vous de qui le bras s'est armé de nouveau
Pour creuser à l'Église un éternel tombeau
Et ravir son saint nom à l'humaine mémoire ?...
De ceux qui l'ont tenté connaissez-vous l'histoire ?...
L'Eglise de Jésus en tout temps fut l'écueil
Sur lequel se brisa leur haine et leur orgueil.
Ils sont morts... et l'oubli couvre leur œuvre impie ;
Ils sont morts... et l'Eglise est brillante de vie.
Vous qui renouvelez cet horrible attentat,
Jugez par le passé de la fin du combat.

. . . .

Lutte étrange ! un seul homme au courage invincible
Oppose aux légions sa parole inflexible ;
En vain on le menace, en vain on l'a flatté,
Il reste inébranlable : il est la vérité !
C'est un vieillard, captif d'une horde farouche
De bandits, l'arme en main et l'insulte à la bouche.
Il reste là, debout, au poste périlleux,
Encourageant les siens dispersés en tous lieux.
Il applaudit aux forts, il inspire aux timides
Cet amour du devoir qui fait les intrépides ;

Il est là, répandant sur tous les malheureux
Sa bénédiction et ses dons généreux ;
Il est là, le martyr, afin de nous apprendre
Jusqu'où la charité dans nos cœurs doit s'étendre ;
Il est là, pour flétrir, dans la société,
L'affreux progrès du doute et de l'iniquité.

S'élevant du milieu de cette mer humaine,
Dont les flots sont formés de luxure, de haine
  Et de tous les instincts pervers,
La Révolution, fougueuse, échevelée,
Dégouttante du sang versé dans la mêlée,
Hurle vers le Pontife, en agitant des fers :
« Pierre, marche avec nous, les nations t'attendent ;
» L'ordre, la liberté, le progrès le demandent.
 » Ton règne libéral sera partout chanté :
  » L'équitable postérité
» Faisant voler ton nom d'un hémisphère à l'autre,
  » T'appellera le grand apôtre
  » Du siècle de la liberté.
» Pierre, fraternisons, donnons-nous l'accolade ;
» Au fracas des tambours et de la canonnade. »
A cet affreux appel aux luttes criminelles,
A ce signal de mort et d'ombres éternelles,
Par un acte d'amour l'Eglise répondit,
Pie IX cria vers Dieu, dans cette basilique,
Où dort le premier Chef du monde catholique,
  Et le monde entier l'entendit :

» O mon Dieu , disait -il , la nuit s'est faite obscure
» Dans l'âme et dans le cœur de votre créature ;
» Sa foi s'est desséchée au vent de l'imposture ,
» Les esprits de l'enfer s'acharnent contre nous.
» Rendez à l'homme aveugle un rayon de lumière ,
» Rendez-lui sa bonté , sa charité première ;
» Pour expier ses torts , courbez dans la poussière
   » Ce front que je lève vers vous !

» L'homme a prédit la fin de votre sainte Église ;
» Seigneur, protégez-la selon la foi promise :
» Que, malgré les méchants , son règne s'éternise ,
» Et leur confusion sera leur châtiment.
» Mais bornez là , Seigneur, bornez votre vengeance ;
» N'élevez pas la peine au niveau de l'offense.
» Accordez à Ninive un jour de pénitence :
   » Seigneur, nos jours sont un moment ! »

Ainsi parlait à Dieu le Père des fidèles ,
Et le chœur rayonnant des Vertus immortelles
Ombrageait son front pur, en étendant leurs ailes ;
L'Espérance et la Foi lui prêtaient leur appui ;
La troupe des Beaux-Arts lui formaient une enceinte ,
A ses pieds la Science adorait la croix sainte...
Et quand , dans les sanglots , sa voix se fut éteinte ,
   La Charité parla pour lui :

   » Seigneur, dans ta balance auguste ,
   » Avec les forfaits d'ici-bas,

» Pèse les vertus de ce juste,
» Et ta main ne punira pas.

» Sa longue carrière est semée
» Des perles du saint dévoûmeñt;
» Seigneur, il est encor plus grand
» Que ne le peint la renommée.

» Mille voix disent en tous lieux
» Ses bienfaits, Toi seul sais leur nombre;
» Car tous ceux qu'il répand dans l'ombre
» Ne sont connus que dans les cieux.

» Des saintes vérités il est dépositaire,
» Sa parole sacrée en est toujours l'écho;
  » Jésus est l'onde salutaire,
  » Et Pie est le lit du ruisseau.

» Paix à l'âme soumise à ses lois immuables !
» Malheur, malheur à ceux qui l'ont fui sans retour :
  » Il vaudrait mieux pour ces coupables
  » Qu'ils n'eussent jamais vu le jour.

» Car le Seigneur l'a dit, le mensonge funeste
  » Porte avec lui son châtiment;
  » Tout tombe et meurt, l'Église reste,
  » Comme un signe de rallîment. »

Et louant le Seigneur, la vision céleste
S'éteignit dans le firmament.

———

LE RÊVE DE LYCURGUE.

« Autour de moi que vois-je ? anarchie et tumulte.
    Le crime habite ce séjour ;
La mère à son enfant porte une haine occulte
    Même avant qu'il ait vu le jour.
Que sont donc les humains ? des êtres nés pour nuire,
    Lâches souvent, braves parfois,
Ardents à se tromper, prompts à s'entre-détruire,
    Comme les fauves dans les bois.
Pour ramener au joug cette cité rebelle,
    Où sceptre et lois, tout est usé,
Je veux, je veux qu'à Sparte une vertu nouvelle,
    Un frein nouveau soit imposé.
A sa célébrité, comme à ma propre gloire,
    Que tout serve, beauté, défaut ;
Du naufrage du temps, pour sauver ma mémoire,
    Créons... des monstres s'il le faut !
Créons un peuple unique, un peuple qui s'isole
    De tous les peuples par ses lois ;
Un peuple de guerriers qui rançonne et viole
    Les peuples, les mœurs et les droits ;
Un peuple sans aïeux, surgissant sur la Grèce,
    Aussi redouté que haï ;
Un peuple d'ignorants, qui n'aime et ne connaisse
    Que les armes, mon nom et lui,
Ayant pour jeux légaux les jeux sanglants d'athlètes,
    Y courant avec passion,

Se plaisant aux combats, comme au sein des tempêtes
    Se plaît le sauvage alcyon ;
Un peuple oisif, hautain, sans tendresse, un prodige
    De patriotisme cruel ;
Un peuple où périra jusqu'au dernier vestige
    De l'amour, même paternel ;
Un peuple sans remords, sans plaisirs, sans richesse,
    Jouissant sans rien posséder,
Mettant tout son bonheur à ravager sans cesse,
    Et sa gloire à ne rien fonder ;
Un peuple dont les mœurs aux mœurs soient un outrage,
    Où les femmes soient sans pudeur,
Où la férocité s'allie au fier courage,
    Le vol adroit à la valeur ;
Un peuple d'abusés, qui, se proclamant libres,
    Sous un joug dur se courberont ;
Où des petits enfants les délicates fibres
    Sous les verges s'endurciront ;
Où les arts, les talents, tout ce qui civilise,
    Rend sociable, amuse, instruit,
Tout ce qui plaît, enchante, ennoblit, humanise,
    Comme un poison sera proscrit ;
Un peuple monstrueux, une effroyable race,
    Soumise à des lois de Titans,
Et dont le nom fameux, si le peuple s'efface,
    Soit à jamais vainqueur du temps.
Que sa vertu farouche ait la couleur du crime
    Et d'ignorants admirateurs ;
Et qu'enfin l'avenir me réprouve ou m'estime,
    Sans me donner d'imitateurs. »

Ce rêve s'accomplit... Lycurgue tint parole ;
Le maudit façonna sa monstrueuse idole,
Lui souffla sa pensée, et se vit appuyé
Par l'oracle des dieux, qu'il avait soudoyé.

. . . .

Jusqu'à son prompt retour, la foi lui fut jurée ;
Mais trompant jusqu'au bout sa patrie égarée,
Et plein de son dessein, ou suivi du remord,
Il s'enfuit dans la Crète, et s'y donna la mort.
Un ami fanatique, exauçant sa prière,
Dans les flots courroucés dispersa sa poussière.

NOTE DE L'ÉDITEUR. Ce morceau a été détaché d'un poème ou d'une série de tableaux, représentant le triste état de la société avant Jésus-Christ, et la transformation sociale opérée par la venue du Sauveur, œuvre divine, qui a passé du Maître aux disciples, et que l'Église continue de siècle en siècle. L'auteur s'est attaché surtout à dépeindre l'*esclavage antique*, et à rapprocher de ses horreurs les prodiges de la charité chrétienne. Il s'écrie dans l'*Invocation* au Christ qui sert de prélude à son poème :

Dévoile à mes regards, pour que je la retrace,
Cette effroyable nuit où l'humanité lasse
Cherchait sans le trouver son guide et son appui ;
Où ce qu'elle éprouvait d'horreur et de misère
Fut si bien, par ton sang, effacé de la terre
Qu'on le croit un rêve aujourd'hui.

UN AVIS A MES ENFANTS.

Mes chers enfants, puisqu'une averse
Suspend vos plaisirs innocents,
Venez, qu'un instant je vous berce
Tous quatre en mes bras caressants.

Et vous imposerez silence
A votre babil ingénu :
Je vais redire à votre enfance
Un conseil que j'ai retenu !...

Car jadis je fus à l'école...
On ne vieillit pas dans un jour !
N'appelez pas le temps qui vole ;
Vous grandirez à votre tour.

Lorsque la foudre aux voix étranges
Tout à l'heure inspirait l'effroi,
Vous avez, mes chers petits anges,
Cherché refuge auprès de moi.

Hélas ! contre cette puissance
Je ne peux rien, pauvre pécheur ;
Mais votre robe d'innocence
Est éclatante de blancheur

Et si j'avais calme visage
Lorsque vous m'avez regardé,
C'est qu'au plus fort de cet orage
Par vous je me sentais gardé.

Or, pour que toujours vous écoute
Celui qui voit tout d'un regard,
Il faut tout le long de la route,
Demeurer purs comme au départ.

Et pour cela que faut-il faire ?
Prier. — Et puis ? — Prier encor...
Par le travail et la prière
Le vil plomb devient lingot d'or.

Priez au lever de l'aurore,
Pour que l'ange qui vous conduit,
Durant le jour vous garde encore,
Comme il vous a gardé la nuit.

Priez, pour qu'un savoir modeste,
Dans l'étroit sentier du devoir,
Vous soit une clarté céleste
Et non le feu follet du soir.

Priez, afin que l'ange abrite
L'orphelin et le voyageur ;
Priez pour celui que visite
L'esprit du mal ou le malheur.

Priez !... que votre voix demande
La sainte grâce du Seigneur,
Afin que le pécheur s'amende,
Afin que le bon soit meilleur.

Toute joie et toute tendresse,
Dieu ne vous refusera rien,
Si sa gloire vous intéresse,
Et si vous priez toujours bien.

La terre est un lieu de souffrance,
Sur elle il ne faut rien fonder :
Au ciel, enfants, est l'espérance,
C'est au ciel qu'il faut regarder.

TABLE.

Lille. L. Danel.